THIERRY FAVREAU

Un petit air de Stockholm

Publication indépendante
-
ISBN : 979-1-042-66304-9

A ma femme,
qui a supporté toutes ses longues années d'études

A mes deux fils,
qui ont grandi avec un père très occupé

A mes parents,
qui m'ont encouragé à m'engager dans cette voie

A certains de mes maîtres qui m'ont éclairé la voie

A mes patients,
qui m'ont tant apporté et tant appris

Préface

A l'heure où la société débat sur la pénibilité au travail et sur la notion de carrière longue, il m'a semblé intéressant d'éclairer un peu les années de formation des médecins, de montrer ce que nous subissons entre 18 et 26 ans, à l'âge où d'autres rentrent chez eux à 17 heures, se reposent le dimanche, dorment toutes les nuits, n'épongent pas une hémorragie en pleine nuit, ne consolent pas une femme qui vient de se faire violer ou n'expliquent pas à une mère que son enfant est mort.

Finalement, à la question de savoir de quoi est fait un médecin, personne n'a vraiment la réponse. Personne ne sait ce qui le meut, ce qui l'a construit ou ce qui le détruit.

Je ne m'étais jamais réellement posé la question jusqu'à ces derniers temps. Se poser la question, c'est s'exposer, c'est avouer ses cicatrices sur la carapace et ses plaies à l'âme. Ce que nous sommes n'est autre que ce que nous avons vécu et enduré.

L'introspection est instructive. Elle amène à un retour sur ses expériences, ses moments de vie si particuliers qui nous fabriquent. A l'aube de mes 60 ans, je porte un regard différent sur mes jeunes années et fais un constat qui amène des questions de révolte. Comment peut-on faire subir tout cela à des gens si jeunes ? Comment est-il possible de nous avoir envoyés seuls au combat ? Comment est-il possible de faire prendre tant de risques psychologiques ?

Ce livre est un plaidoyer.
Un hommage envers un métier et surtout envers des hommes et des femmes qui exercent l'étrange métier de soigner leurs semblables. Etrange, car bien que tout le monde connaisse un médecin, ne serait-ce que pour sa propre santé, tout le monde ignore ce qu'il est, ce qui l'a modelé ou cabossé. Le médecin, si intime, est un étranger.
Nombreux sont ceux qui ont fini par tisser des liens ténus et profonds avec qui tient le rôle d'ange gardien moderne. Le médecin, on finit par l'appeler « mon » médecin. Et ce même médecin appelle ce même patient par le terme de « mon » patient.
Qui appartient à qui ?
Qui veut appartenir à qui ?
On me déclare souvent faire partie de la famille. Le constat donne le vertige. Il engage. Il oblige. Il effraie. Il torture. Il use.
Et pourtant, malgré ces sentiments d'appropriation, d'intégration à son intimité familiale, qui sait vraiment ce qui a modelé cet homme ou cette femme qui se tient devant lui ? Chacun a la certitude rivée au corps de l'inconscient collectif que le chemin à emprunter pour être médecin est difficile. Mais personne ne sait vraiment où se situe cette légendaire difficulté. On évoque souvent le barrage du concours de première année. On évoque aussi la longueur des

études, le volume d'informations à ingérer, la difficulté des notions abordées ou encore la mémoire phénoménale à solliciter. Personne ne sait vraiment, tout le monde imagine.
J'ai donc décidé de coucher sur le papier les moments de vie que j'ai affrontés, subis, aimés ou détestés et qui m'ont construit, qui ont créé le médecin mais aussi l'homme que je suis, les deux étant, après de telles expériences, finalement indissociables. C'est pourquoi je me suis concentré sur les années de formation à la faculté de médecine, lors de l'internat et pendant mes tous premiers remplacements à un âge où la violence des situations a un impact très particulier et durable, à un âge où nul ne devrait être confronté à ces agressions. Tout cela, tous les médecins l'ont vécu et s'y reconnaîtront.
Tout ce qui suit est strictement exact. Aucun détail n'est le fruit de mon imagination.
Je dévoile ici des fragments de ma vie que beaucoup ignorent, même parmi mes plus intimes.
Je souhaite rendre hommage à tous mes confrères car nous avons tous été malmenés durant nos jeunes années de fragilité et de construction professionnelle, personnelle, et émotionnelle.
Malmenés mais envoûtés par ce métier … n'y aurait-il pas comme un petit air de Stockholm ?

-

La fac et l'externat

Au bon accueil

« Mesdemoiselles, Mesdames, Messieurs, bienvenue à la Faculté de Médecine de Créteil ».
Le doyen s'adresse à nous, étudiants de 1ère année de médecine, dans l'amphithéâtre n°1 de la faculté de Médecine de Créteil. Il est de tradition qu'il fasse un petit mot d'accueil en tout début d'année, au moment où on commence à prendre la mesure de l'enfer dans lequel nous nous sommes volontairement plongés.
« Je parle de la Faculté de Médecine, mais il s'agit d'un abus de langage. A ce jour, vous êtes inscrits à l'Université Paris-Val de Marne pour préparer le concours d'entrée qui vous donnera, peut-être, accès à la Faculté de médecine. »
L'amphithéâtre est comble, il grouille. La foule d'étudiants est impressionnante. Toutes les places, assises ou non, sont occupées. On s'assied sur les strapontins, les tables, les allées, les marches. J'ai la paradoxale impression d'appartenir à cette communauté mais d'en être totalement étranger. J'apprécie la chance d'être là mais je doute d'être vraiment à ma place, d'être vraiment légitime. N'ai-je pas sous-estimé le défi ? N'ai-je pas surestimé mes capacités ? Ce questionnement me poursuivra longtemps et cette allocution ne va pas arranger les choses.
« Voyez votre multitude, balayez cet amphithéâtre du regard et prenez la mesure du nombre que vous représentez et du nombre de camarades auxquels

vous allez vous confronter et vous mesurer. Prenez bien conscience que seul l'équivalent des deux premiers rangs sera admis à intégrer, l'an prochain, la Faculté de Médecine et seuls ces premiers rangs seront un jour médecins. »
J'évalue l'amphithéâtre d'avant en arrière, de droite et de gauche.
Les deux premiers rangs !
Et bien, soit, malgré mes doutes, malgré ma peur, ma décision est prise : je serais dans ces deux rangs.

-

Marie Moutard

Je crois que c'est à ce moment-là que j'ai su que la suite serait difficile.
Nous avions passé une voire deux années de lutte contre le sommeil, contre le temps qui passe trop vite, les nuits et la mémoire qui sont trop courtes, le stress des concours, l'angoisse devant l'ampleur de la tâche et les capacités hors normes de camarades qui n'étaient encore que des concurrents, parfois des ennemis. On dirait « challenger » aujourd'hui où le vocabulaire édulcoré et bien-pensant tente de nous cacher la violence quotidienne. Cette longue période de préparation du concours, je m'y étais préparé, enfin je le croyais. Mais quels sacrifices ! Quelle solitude face à l'Everest à gravir ! Que de doutes, de sensations d'imposture, de profonds mais courts désespoirs et de découragements ! J'ai vécu la fatigue, celle dont on sait qu'elle va durer et qu'il va falloir domestiquer à défaut de la surmonter, celle qui pourrait vous faire basculer dans la folie, vous faire échouer, réduire à néant tout le reste.
Et j'ai passé l'obstacle avec beaucoup plus de soulagement que de fierté. J'ai résisté dans le vrai sens du terme. J'ai creusé au-delà de mes limites.
Et pourtant …
Et pourtant j'ai compris, en entrant dans cette salle avec mes congénères qui étaient passés du statut de concurrent à celui de partenaire et d'ami, que la

vraie difficulté, celle qui vous érode patiemment, était devant moi.
Notre petit groupe attendait dans un couloir de la fac devant la porte qu'on nous avait indiquée sur notre emploi du temps, dans la case « dissection – cours n°1 ».
Silence.
Quelques plaisanteries maladroites pour trahir notre inquiétude.
On avait pris garde de ne pas attendre juste devant la porte mais un peu en retrait. Pudeur ? Respect ? Ou tout simplement peur ?
Je suis entré dans les premiers. Nous sommes entrés lentement tels des animaux apeurés par un environnement sinon inhospitalier du moins très inhabituel. Tous nos sens étaient en éveil, comme en alerte. La pièce était froide, blanche, dépouillée. Froide. Comme la mort. Il planait une odeur de frigo vide, discrète et non identifiable dont on ne savait si elle était désagréable ou simplement inquiétante, annonciatrice d'une répugnante dégradation.
Ils étaient là, nous attendaient allongés, nus, jaunâtres, silencieux. Nos cadavres.
Le mien était une femme. Peau cartonnée, bouche ouverte sur des dents en désordre, yeux fixés sur on ne sait quel passé, ventre creusé, membres décharnés, seins inexistants, pubis proéminent.
Le premier geste a été de couvrir avec tout ce qui nous tombait sous la main ce visage dérangeant qui semblait nous regarder, nous demander du fond du

trépas ce que nous allions oser faire d'eux. Ce regard était insupportable car nous savions que nous allions profaner ce corps, qu'on lui avait menti quand il s'était donné à la faculté, que tout cela ne servirait à rien.
Son nom pendouillait à son gros orteil. Je pensais qu'on ne voyait cela que dans les films, que c'était une trouvaille de réalisateur.
Elle s'appelait Marie Moutard, 35 ans après je m'en souviens encore.

-

Premier bloc

L'enseignement dit de la « check-list » qui a maintenant, je crois, disparu nous était proposé en deuxième année, juste après le fameux concours. J'avais 20 ans. Il s'agissait de cocher sur cette fameuse liste les items considérés comme acquis au cours d'un stage à l'occasion duquel tous les étudiants étaient ventilés dans divers services de l'hôpital, en l'occurrence le CHU Henri Mondor. On n'y apprenait pas grand-chose mais c'était le premier contact avec les services de soins. J'allais enfin mettre un pied dans l'hôpital, approcher des malades. C'était presque une étape initiatique.

Je me suis donc retrouvé dans le service du Pr Becquemin, en chirurgie vasculaire. J'ai palpé un foie, recherché des réflexes rotuliens, écouté un cœur et coché mes cases. Rien de bien excitant finalement. Et puis est venu LA proposition qu'on ne peut refuser : « Si cela tente quelques uns d'entre vous, je vous accueille la semaine prochaine au bloc opératoire. Vous pourrez assister en observateur à une intervention ».

Et me voilà, moi, 20 ans, planté debout au bloc opératoire en blouse, avec un masque de chirurgien, une charlotte, prêt à voir une vraie opération sur un vrai malade. Je suis loin, je ne vois pas grand-chose entre les infirmières, l'anesthésiste et les internes, enfin à l'époque c'était du monde et je ne savais pas vraiment qui

était qui et qui faisait quoi. On s'affaire, on demande une pince, un bistouri. Ça fait psschit et ça sent un peu le cochon grillé de temps en temps. Tout se déroule paisiblement, calmement. Et puis, soudain, un « putain, c'est quoi ce bordel ! Qui t'a dit de déclamper ? ». En une seconde, la panique fait place à la maîtrise. Les ordres claquent, on court, on branche, on débranche, on aspire, on éponge. L'interne est tout blanc.
Adrénaline ! Attention, écartez-vous, prêts pour choquer, choc ! Un bruit sourd, le malade tressaute comme possédé. On recommence, on s'écarte, prêts pour choquer, choc !
Et soudain, la tempête fait place à un court silence troublé par « 10h43, arrêt de la réanimation, patient décédé ».
Et me voilà, moi, 20 ans, planté debout au bloc opératoire pour assister à ma première intervention chirurgicale et le patient est mort sur la table.
On débranche les appareils, on éteint le projecteur, on enlève les champs opératoires, on nettoie. On libère la scène avant le prochain lever de rideau.
Tout le monde sort progressivement de la pièce en passant devant moi, sans un regard, sans un « ça va? ». Je suis seul et hébété. J'ai presque envie de demander : « et … maintenant, on fait quoi ? »

-

La troisième année de médecine est une étape. C'est l'entrée dans le deuxième cycle et, du côté hospitalier, le statut d'externe. Pendant trois années, nous avons une vraie fonction, certes subalterne, mais une fonction. Nous changeons de service tous les 4 mois afin de survoler l'ensemble des spécialités et, finalement, commencer à apprendre ce qui sera notre métier. C'est, en somme, un apprentissage en alternance car il ne faut pas oublier que l'enseignement de la faculté avec ses cours, ses travaux pratiques et ses examens se charge d'occuper déjà largement notre emploi du temps. L'aspect pratique que représente l'externat nous occupe tous les matins, certains week-ends et certaines nuits afin d'assurer les gardes au cours desquelles nous sommes un peu formés et énormément exploités. Le répit de la deuxième année est bel et bien terminé. J'entre dans la machine infernale à soigner les gens, une machine qui ne s'arrête jamais ni ne faiblit et dont je suis devenu une partie du carburant qui va se consumer progressivement dans l'indifférence générale.

-

La chambre 12

« Ah, oui, c'est aujourd'hui qu'on a les nouveaux externes, j'avais oublié. Bon, attendez-moi là, j'arrive, j'en ai pour deux minutes, je … vous … installez-vous dans ce bureau. Commencez à jeter un œil aux dossiers pour voir comment c'est foutu. J'arrive. »
Bref, l'accueil dont on rêve quand on arrive pour un premier stage d'externe dans un univers qu'on ne connaît pas et pour un travail qu'on ne connaît pas.
J'attends. Je feuillette négligemment un dossier ouvert. Je n'y comprends rien et j'ai l'impression de mettre mon nez dans les affaires des autres.
Je suis dans le service de chirurgie générale du Dr Cabanis à l'intercommunal de Créteil.
« Bon, me voilà, je pense que le mieux est qu'on t'attribue deux patients, pas plus pour le moment. »
Etant donné que c'est mon premier poste d'externe, on comprend immédiatement qu'il ne va pas falloir trop espérer de mes performances. On hésite et on trouve judicieux de me charger du dossier de Mlle Martin au motif annoncé qu'elle a presque mon âge et que, vue sa maladie, elle aura besoin d'une relation humaine de confiance. Soit. Et … elle a quoi ? Un cancer de l'ovaire en stade terminal. Je dois donc, moi, 21 ans, alors que mes amis du même âge en école d'ingénieur admirent une machine-outil ou un oscilloscope, entrer dans

cette chambre pour causer à une mourante de 19 ans ?
Je tente une attitude professionnelle en plongeant dans le dossier mais je renonce assez vite. Le volume de l'ouvrage et le catalogue de termes à étymologie gréco-romaine ont raison de moi. Je me lève et moi et ma blouse nous dirigeons vers la chambre 12.
C'est ainsi que je fais connaissance avec Mlle Martin. C'est une jolie petite brune, un peu maigre mais je ne saurais lui reprocher vu les circonstances. Elle a en effet approximativement mon âge. Elle pourrait être une camarade d'école. Ce premier contact est maladroit. Je n'arrive pas à me défaire de l'idée qu'elle a un cancer là, quelque part. Je me présente comme le nouvel externe et, en tant que tel, je pose deux ou trois questions sur son passé médical. A 19 ans, le passé est assez court. Malheureusement pour elle, son avenir l'est encore plus mais je ne le savais pas encore vraiment. Ma longue expérience pour mener un entretien m'invite à abréger mon intervention et, lorsque je prends congé, Mlle Martin me demande si je repasserai demain. Je prends cela comme un souhait qu'elle reformulera systématiquement tous les jours. Ainsi, tous les matins, 5 jours par semaine, je passe un moment avec Mlle Martin. J'ai plus le rôle d'une dame de compagnie que d'un médecin mais peu importe. J'apprends de son témoignage, je confronte ses plaintes à son dossier médical et à ses examens. J'interroge mon interne.

Je connais de mieux en mieux sa pathologie et comprends de plus en plus la terrible évolution de celle-ci. Parallèlement, je connais de mieux en mieux Mlle Martin et ce n'est peut-être pas une bonne chose. C'est même une très mauvaise idée et personne n'est là pour me prévenir et m'accompagner. Elle m'interroge sur ma vie, je l'interroge sur la sienne. Elle a un fiancé. Elle me fait part de sa fatigue, de ses douleurs et de ses angoisses. Elle maigrit. Elle mange moins.
Ce matin là, on m'annonce que Mlle Martin ne va pas bien et qu'elle a demandé à me voir. Ce sera donc ma première mission de la matinée. En effet, elle ne va pas bien. C'est un euphémisme. Elle va franchement mal. Son visage est creusé et esquisse un sourire en guise de bonjour. Je m'assois à côté d'elle sur le bord du lit ce qui semble lui convenir. Elle parle peu. Elle semble se concentrer pour respirer correctement. Elle me dit être contente de me voir ce matin et me prend la main. Nous discutons un peu. Je lui propose que l'infirmière ou l'interne vienne la voir. Le regard qu'elle m'adresse pour me dire que c'est inutile me fait peur et me désarme. Que dois-je comprendre ? Je sens sa main me serrer doucement l'avant-bras à plusieurs reprises puis se relâcher lentement, de plus en plus, pour tomber mollement sur le drap. Son regard n'est plus le même. Son sourire non plus. Je dois me rendre à l'évidence, elle vient de mourir. L'idée troublante qu'elle m'ait attendu ce matin avant de tirer sa révérence me traverse

l'esprit et me dérange. Je sors de la chambre pour interpeller l'infirmière par un « je crois qu'elle est morte ». Etrange incertitude devant la terrible évidence. Je m'éloigne un peu sonné et aussi seul que quand j'étais entré la première fois dans la chambre 12.

-

C'est un roc, c'est un pic, c'est un cap !

Je suis externe affecté dans le service d'urologie de l'hôpital Henri Mondor. J'ai environ 22 ans.

Lors des consultations, mon rôle est d'accueillir les patients dans le bureau, de les installer sur la table d'examen, de préparer le dossier en évidence sur le bureau en étalant les derniers examens et l'ordonnance en cours.

Et le chirurgien arrive, jette un œil à tout ça, parfois au patient, repart illico en listant ses consignes à moi-même et au patient. Il me reste à ranger le dossier et le patient, à rédiger l'ordonnance qui sera signée par la secrétaire. Et tout ça sans traîner parce qu'il faut refaire toute la procédure avec le patient suivant avant que le chef ne revienne, sachant que de toutes les innombrables qualités qu'un chef possède rien ne fait penser à la patience. Il ne faut donc pas qu'il attende.

C'est dans ce contexte qu'arrive M. Dupont. Il m'annonce sans fard qu'il vient pour son impuissance et, habitué des lieux, il dépose pantalon et slip et s'allonge sur le divan d'examen. Le dossier précise qu'il est en phase d'essai pour des injections de papavérine. J'attends, lui allongé à demi nu, moi assis au bureau. Le chef entre, lui plante la papavérine dans la verge et ressort aussi sec de la verge et du bureau.

J'attends...
Le chef revient, lui secoue l'organe trois quart mou et s'en va.
Nous attendons l'érection tant espérée. M. Dupont se redresse de temps en temps pour évaluer sa rigidité. "C'est un peu mieux, non ? Qu'en pensez-vous ?" me demande-t-il le pénis entre pouce et index. J'acquiesce poliment.
Le chef revient. Il confirme l'amélioration de la rigidité pénienne. Si c'est le chef qui le dit ... et il ressort en me demandant de surveiller la chose de près. La mission est ... délicate. Je me retrouve à 22 ans à surveiller la montée en puissance d'un homme qui pourrait être mon père voire mon grand-père.
Au beau milieu de mes rêveries à l'ombre de l'espoir d'un début de priapisme, j'en viens à me demander quelle aurait été la situation si j'avais été l'une de mes camarades de promo à la plastique parfaite. Sûrement plus gênante mais possiblement plus efficace.

-

L'hôpital se fout de la charité

Aux urgences de l'intercommunal de Créteil, c'est le coup de feu de la fin d'après-midi. Tout le monde est à sa place, le travail est intense mais on gère. Mon interne et moi nous nous répartissons les tâches. Généralement, je passe le premier, si l'on peut dire, puis je lui fais un bref compte-rendu lorsque nous nous croisons entre deux box. Dans cette organisation, une patiente fait exception. Lorsqu'elle arrive, je suis occupé et l'interne la prend en charge. En passant la tête par le rideau qui clôt maladroitement le box d'examen, je m'aperçois qu'il est déjà au chevet de la patiente. Je m'éclipse immédiatement, juste après avoir croisé son regard. Elle semble perdue, choquée. Elle m'appelle du regard. Quelque-chose me dit que je dois entrer et m'imposer dans ce huis-clos. Mais le temps est précieux et je pars vers d'autres patients qui, eux, attendent encore.

Quelques minutes plus tard, je passe de nouveau devant le box. L'interne en sort en trombe, agacé, presqu'en colère. Dans un mouvement de balayage de la main me désignant la patiente il lance : « Encore une qui l'a cherché et qui dit maintenant qu'elle a été violée ! ». Je suis horrifié et j'espère furtivement avoir mal compris ces propos abjects. La pauvre femme pose sur moi un regard de profond désespoir. Je n'avais jamais vu un regard pareil. Il me transperce, m'appelle et me rejette tout à la fois, entre « au-secours » et « laissez-moi mourir ». Ce regard à lui seul est une fenêtre ouverte sur l'horreur. Il m'explique sans mot dire la douleur et la déchirure. La leçon est efficace mais terriblement douloureuse. Que dire après cela. Je n'ai rien trouvé d'autre que « je suis désolé » et je suis entré pour m'asseoir à ses côtés, tenter d'adoucir l'irréparable, de lui donner ce dont elle avait le plus besoin : de la compassion et de la bienveillance. Quand je repense à cette histoire, ma plus grande crainte serait d'avoir échoué. Je ne le saurai jamais et ce doute qui n'a jamais été ni levé ni exprimé participera probablement à ma lente érosion.

-

Manque de peau

Gérard est entré aux urgences. Ou plutôt, on a amené Gérard aux urgences. Encadré par deux fonctionnaires de police, Gérard a du mal à marcher. Tout semble lui manquer, l'orientation, l'équilibre, l'hygiène, la nourriture, la parole, la santé, la dignité. C'est un SDF. Acronyme bien pratique qui a pour vocation de résumer et de dissimuler la détresse de l'intéressé et notre responsabilité collective.
Gérard était couché dans la rue, immobile depuis trop longtemps au goût des policiers qui ont fini par lui proposer de l'amener à l'hôpital. Il n'a même pas eu la force de protester, lui qui exècre les hôpitaux, les flics et, de manière générale, tous ceux qui viennent l'emmerder.
L'infirmière m'informe qu'elle le passe à « la douche » avant qu'on ne l'examine. C'est une pratique courante aux urgences que de proposer, sans négociation possible, un lavage express aux patients dont le niveau d'encrassement est incompatible avec un examen clinique correct et supportable. Pour ce faire, nous disposons d'une salle toute carrelée équipée d'une paillasse avec douchette à bonne pression, façon table d'autopsie. Autant dire qu'on les passe au Kärcher. Je n'ai jamais trop su si cela était vécu comme une humiliation ou comme un soulagement par les patients. Toujours est-il que, a posteriori, lorsqu'ils sont propres, au chaud et à l'abri, j'ai toujours vu

dans leurs yeux une petite lueur de reconnaissance qui donne un peu la mesure de ce qu'ils vivent dehors.
Gérard est assis sur le bord de la paillasse en inox, les jambes pendantes, le regard perdu, le verbe confus. On commence à le dévêtir, avec son accord. Les infirmières font preuve, encore une fois, d'une patience et d'une empathie exemplaires. Elles déposent son chapeau qui semble ne pas vouloir se séparer de la chevelure qui s'accroche désespérément au couvre-chef informe et amidonné à la sueur et à la poussière urbaine. Gérard grogne comme pour ramener chapeau et crinière à la raison. La séance de strip-tease s'annonce longue. En terme d'effeuillage j'ai connu plus glamour. L'infirmière préfère me laisser aux patients qui s'accumulent dans la salle d'attente. Je les laisse donc œuvrer à rendre Gérard présentable et je retourne dans le tourbillon des urgences qui m'engloutit instantanément.
Il aura fallu presqu'une demi-heure pour que l'infirmière vienne me chercher à la rescousse.
« Nous avons un souci avec Gérard. Il faudrait que tu jettes un coup d'œil ».
Il est allongé complètement nu, nu et sec. Pas une trace d'eau. Il n'a pas encore été lavé. Cela dit, il n'y a pas que la sécheresse de l'épiderme qui soit un indice à l'absence de soins de propreté. Je n'ai jamais vu un corps aussi sale. La crasse s'étend en une pellicule quasi uniforme, s'entasse dans les plis où elle prend un aspect gluant et une odeur

plus âcre. Je suis dégoûté. Pas par l'aspect répugnant de ce corps mais par notre société, notre civilisation qui crée cela, qui accepte tacitement qu'un homme en soit réduit à voir son corps se décomposer avant son trépas.
« On n'a pas enlevé ses chaussettes. On ne sait pas s'il en a ».
Voyant les pieds nus, j'en déduis qu'il n'avait jamais dû avoir de chaussettes et je fais part de ma brillante déduction à l'équipe.
« Et bien, ce n'est pas si évident, regarde, on a l'impression qu'il y a comme des fibres de tissu sur le pied. »
J'approche une pince et mes yeux. La peau est recouverte, sur les pieds comme partout ailleurs, d'une substance que je décrirais comme compotée, un peu grasse et collante. En la grattant délicatement, je crois en effet distinguer un petit fil sur lequel je tire délicatement. Il entraîne avec lui un peu de compote et un lambeau commence à se soulever. La chaussette est là, littéralement incrustée dans l'épiderme qui par endroits est inexistant, le textile ayant remplacé l'enveloppe naturelle. Je m'attelle à ce qu'on pourrait appeler une dissection. Par endroit, il est impossible de distinguer ce qui tient du naturel ou de l'artificiel. Seul le sang au passage du scalpel permet de définir la limite entre les deux. C'est un travail de patience tant pour moi que pour le pauvre Gérard pour lequel j'ai de plus en plus de peine et de respect. Comment a-t-il pu résister à cela ? Depuis

combien de temps est-il en train d'agoniser sur son trottoir ? La manœuvre est insoutenable dans sa longueur, sa minutie, l'odeur, les frémissements de douleur de Gérard. J'ai presque envie de pleurer mais je ne sais pas si c'est de tristesse ou de colère. Je ne sais combien de temps il m'aura fallu pour libérer complètement cette gangue de putréfaction. Le nettoyage du corps meurtri dévoile mille lésions d'ulcères, de mycoses, de coupures et de brûlures. Ce corps n'est que souffrance et la peau de Gérard est son linceul.

-

Un ange est passé

Dans le service de pédiatrie de l'intercommunal de Créteil, on demandait aux externes de partager le stage de 4 mois en deux périodes de 2 mois, l'une étant dédiée à la néonatalogie et l'autre à l'hématologie.

J'ai commencé par l'hématologie. Soyons clair, l'hématologie pédiatrique c'est des leucémies.

Je m'occupais en particulier du petit Yohan atteint d'une leucémie aiguë. Il avait bénéficié d'une greffe de moelle et s'en remettait doucement. Petit corps sans cheveux mais deux petits yeux qui avaient gardé la malice de leur âge. La malice mais aussi une profondeur qu'on ne voit que chez ces enfants meurtris. Il était encore en chambre stérile mais on prenait soin à ce qu'il puisse avoir son petit univers et ses jouets. Il me proposait fréquemment de partager une partie sur sa console de jeu.

Les jours passaient et les analyses de Yohan donnaient des signes un peu inquiétants, de plus en plus inquiétants et on a commencé à évoquer une possible récidive lors de nos réunions.

Yohan fatiguait. Son petit corps qui avait repris quelques petites rondeurs rassurantes et bien de son âge a commencé à maigrir. L'équipe a donc décidé de ne plus lui cacher que ses petits globules blancs combattants étaient fatigués et avaient du mal à livrer bataille. Yohan a rapidement éludé en

nous montrant avec grande attention un jouet qui partageait son lit.
Le lendemain, à la veille du week-end, alors que j'étais seul avec lui, lors d'un échange anodin, il me demande :
«Ça fait comment de mourir ? »
Je tente de ne pas montrer mon inconfort car je sais depuis peu qu'il est condamné, que tout espoir de guérison s'est évaporé. Je suis abasourdi par cette question posée avec simplicité et gravité. Comment répondre à cet enfant de 8 ans qui sait être confronté à sa possible mort ? Comment affronter moi-même cette terrible et injuste réalité ? Comment parler de la mort à qui symbolise la vie ? Je décide d'être honnête, de ne pas esquiver.
« Je ne sais pas Yohan »
Lorsque je reviens lundi pour voir Yohan, une pancarte est accrochée à sa porte : « Chambre en désinfection ».

-

L’internat

Le concours de l'Internat ponctuait la fin de la sixième année d'études. C'était la seule possibilité de pouvoir intégrer une spécialisation. Ceux qui n'étaient pas retenus ou qui ne tentaient pas leur chance seraient généralistes. Ce concours était donc facultatif. J'avais décidé de m'y présenter, au double motif que la préparation de l'épreuve avait la réputation d'être très formatrice et que, de paroles de médecins déjà expérimentés, on ne regrette jamais d'avoir tenté sa chance.
Je me suis donc inscrit à ce concours mythique et effrayant dont la réputation faisait reculer nombres d'étudiants.
Le concours était en marge des études et certaines facultés décorrélaient leur programme d'enseignement de celui du concours de l'Internat. C'était le cas de la faculté de Créteil. Concrètement, cela m'imposait de travailler le programme de l'Internat en plus du programme de ma faculté. De fait, des conférences et cours étaient proposés par des entreprises de formation. J'avais opté pour les Conférences Laennec.
Si on voulait avoir une chance de réussite, le concours se préparait sur 2 ans, ce que je fis. Le rythme de vie de ces deux années reste gravé au plus profond. Ce furent deux années de sacrifice que fort peu de personnes s'infligent pour leur carrière ou leurs études. Durant ces deux années, la vie est exclusivement centrée sur les études. Il faut aller pratiquement tous les jours aux cours de la faculté, réviser leur contenu, assurer le stage

d'externat qui est un emploi à mi-temps sans compter les gardes de nuit et de week-end aux urgences de notre hôpital d'affectation, aller aux conférences de préparation de l'internat qui se tiennent une fois par semaine jusqu'à minuit et, enfin, se réunir avec quelques collègues pour travailler les épreuves du concours. La stratégie de sommeil est au cœur du problème. Il faut entrer en résistance, dormir juste ce qu'il faut pour tenir le coup et permettre au cerveau de fonctionner de façon optimale. Mon objectif était de m'effondrer le lendemain du concours, juste après la ligne d'arrivée. Avant, c'était un échec assuré, plus tard signifiait que j'aurais dû travailler d'avantage. Pour affronter cet Everest j'ai fait équipe avec un ami, Ronan. Nous nous sommes mutuellement choisis pour nous soutenir, nous motiver, nous relever dans les moments difficiles. Il est resté un ami très cher, comme un camarade de tranchée. Nous avons décidé d'un plan de bataille militaire auquel on ne dérogerait pas. Chacun de nous sera la police de l'autre. Le programme était simple :

- tous les matins, du lundi au samedi, stage à l'hôpital
- tous les après-midi, travail personnel en cours, à la bibliothèque ou chez soi
- lundi soir de 20 h à minuit, travail commun sur les annales du concours avec Ronan
- mardi soir de 20 h à minuit, travaux dirigés en petits groupes proposés par la conférence d'Internat à Paris

- vendredi soir de 20 h à minuit, conférence d'Internat à Paris
- samedi soir, travail commun sur les annales du concours avec Ronan

Les autres temps « libres » sont consacrés au travail de révision du programme de la fac, à la préparation du concours et aux gardes de nuits, week-ends et jours fériés. Les 5 ou 6 heures quotidiennes restantes étaient consacrées au sommeil … quand on ne passait pas la nuit à l'hôpital.

Pour la dernière ligne droite, juste avant les épreuves du concours, Ronan et moi avons décidé de nous retirer dans une maison en Bourgogne pour 2 semaines de vie monacale, deux semaines de travaux forcés, isolés sans distraction, loin de nos familles. Deux semaines où nous avons travaillé de 7 h à 1 heure du matin comme des forcenés en taisant notre fatigue, où nous sommes allés au bout de nous-mêmes. C'est là que nous avons scellé notre réussite et notre amitié.

-

Mouroir

Me voilà interne, c'est à dire en 6ème année, DCEM 4, 4ème année du Deuxième Cycle des Etudes Médicales. Le terme a probablement disparu maintenant.
Ma première affectation est le service du Pr Bodak en gériatrie moyen séjour de l'hôpital Emile Roux à Limeil-Brévannes. Le service compte 3 étages et 3 internes, 1 interne par étage, une quarantaine de patients par interne. En dehors des fonctions hospitalières au sein de ce service, je suis astreint à prendre des gardes dites « intérieures » car il n'y a pas de service d'urgences dans cet établissement. Lors de ces gardes de nuits et de week-ends, je suis chargé de régler les soucis urgents de tous les patients hospitalisés sur Emile Roux.
Cela fait environ 4 mois que j'ai pris mes fonctions et je commence à bien prendre mes marques dans cet hôpital de très vieille conception avec des bâtiments éparpillés sur un très vaste terrain arboré. Joli mais pas fonctionnel.
La nuit est tombée depuis un bon moment maintenant et je suis appelé pour une urgence à Léon Bernard. Je ne comprends pas cet appel car je suis à Emile Roux, moi. Je sens chez mon interlocuteur un brin de moquerie et d'agacement. J'apprends que le secteur Léon Bernard, du nom d'un médecin du tout début de XXème siècle, est l'ancienne pédiatrie de l'hôpital avant que ce dernier ne soit exclusivement dédié à la gériatrie.

Je le pensais désaffecté depuis bien longtemps. J'ignorais d'autant plus son existence que ce secteur est complètement excentré, qu'il faut sortir de l'hôpital et traverser la rue Henri Barbusse pour y accéder. Aujourd'hui, il a fait place à une résidence senior de joli standing.
La voix me conseille de prendre la voiture et m'indique un itinéraire qui tient plus de la course d'orientation que de la visite à un malade hospitalisé.
Je me retrouve donc devant un porche en pierre que j'avais à peine remarqué auparavant et sur le fronton duquel est clairement gravé « Léon Bernard ». Un grand portail métallique à deux vantaux s'ouvre à la faveur d'un interphone et dévoile une allée goudronnée. Aucun éclairage si ce ne sont des petits lampions blafards le long du cheminement. Les phares de la voiture ne sont pas du luxe (les physiciens apprécieront le jeu de mots). J'avance lentement, timidement, en tentant de respecter les consignes précédemment données. J'aperçois dans l'obscurité, à gauche, au milieu des arbres, un bâtiment qui ne doit pas être celui que je cherche. Je poursuis, tourne à droite, suis le chemin qui vire sur la gauche et je tombe sur une sorte de hangar dont la porte métallique, de dimension standard, est passablement éclairée par une petite ampoule qui fait ce qu'elle peut. Un dégagement me permet de garer la voiture. Je doute d'être au bon endroit. Il n'y a pas de nom de service ou de bâtiment, pas de nom de médecin

responsable. J'ai dû prendre le hangar des services techniques pour un secteur d'hospitalisation. Comme je n'ai pas mille alternatives, je frappe à la porte. Au pire, on me confirmera mon erreur et on m'indiquera mon chemin.

La porte renvoit un bruit de ferraille désagréable.

On m'ouvre. Je me présente. On m'attendait. Je suis au bon endroit.

Derrière la porte, un sas sert manifestement de bureau car j'y vois une petite table sur laquelle sont jetés stylos et classeur ouvert, des étagères, un chariot de soins. Tout cela est baigné d'une lueur émise par une petite lampe sur socle. Le halo lumineux n'est à peu près efficace que sur les pages du classeur. Le reste de la pièce est sombre. On perçoit tout de même les murs que l'on devrait plutôt décrire comme des parois métalliques, celles-là mêmes qui servent de bardage aux supermarchés.

On me fait un petit briefing : M. Durand semble se plaindre de douleur abdominale et n'est pas bien depuis quelques temps. C'est plutôt succinct. On me tend un dossier que je trouve particulièrement maigre pour un patient de gériatrie censé être là depuis un certain temps.

L'infirmier manœuvre la porte qui, je suppose, doit desservir l'accès aux chambres.

Devant moi, un trou noir, épais.

L'infirmier empoigne un interrupteur imposant, de format industriel en forme de levier. Il émet un

« clong » grave dont je pensais qu'il n'existait que sur les bandes sonores cinématographiques.
Une rangée de plafonniers, eux aussi de type industriel, crachent une lumière blanche et brutale. Puis une seconde rangée, puis trois et c'est une armée d'éclairages qui avance en salves régulières en même temps que monte un soupir qui devient mugissement puis brouhaha. Des voix inarticulées et des cris se mêlent à de lentes psalmodies. La lumière dévoile l'impensable. Un hangar où s'alignent des lits métalliques à perte de vue, par secteurs comme des pierres tombales. Dessus, dans des draps négligemment posés, parfois absents, on y voit des corps. Peut-on encore parler de patients ? D'humains ? Ils sont des centaines. Certains sont immobiles et si décharnés qu'on pourrait les penser morts. D'autres tendent un bras vers moi. Je ne sais pas si c'est une forme de supplique ou une tentative de contact humain.
Je ne sais pas si je suis tétanisé ou hypnotisé. Une voix me sort de ma torpeur.
« Il est à la dixième rangée à droite, troisième lit. »
Je ne sais plus vraiment où je suis et quand je suis tellement le lieu est déstabilisant et choquant. En avançant lentement dans ce hangar, je suis pris d'un sentiment de honte. Suis-je en train de participer à cette horreur en venant ici, moi qui représente, au beau milieu de cette nuit, l'encadrement médical de ces êtres dont le monde entier ignore l'existence ? Je ne sais que faire. Je pourrais partir pour éviter toute implication dans

cette indignité mais abandonner un patient qui souffre serait un prix trop lourd à payer. Je choisis de me confronter à cette situation sortie d'un autre âge. Je marche dans des rangées de corps cachectiques, souillés, agonisants. Certains dorment, d'autres poussent des cris les yeux fixant un invisible danger. Parfois je croise un regard que j'interprète comme interrogateur ou suppliant ou tout simplement vide.
J'arrive au patient qui a besoin de mes services. En a-t-il vraiment plus besoin que les autres ? Je l'examine de façon automatique, systématique. Le contact verbal est impossible avec ce pauvre homme. J'ai la terrible impression de verser plus dans l'art vétérinaire que médical. Je palpe un ventre, j'écoute un cœur, je mesure une tension mais j'évite de penser à cet homme dans sa globalité, dans son humanité. Il me faut tout de même lui apporter un soulagement, comprendre sa douleur pour la soulager. Je le quitte avec beaucoup de doute sur l'efficacité de mon intervention. Je lui prends la main pour lui dire au-revoir mais je n'ai aucun écho ni verbal ni visuel. Je lève les yeux et mon regard balaie encore une fois le décor surréaliste. Les draps blancs froissés à perte de vue imitent l'écume d'une mer d'un autre monde, une sorte de Styx.
Je ressors de ce lieu sans avoir vraiment compris ce qu'il est, avec le sentiment d'avoir été projeté dans un monde parallèle, une autre dimension. Je suis très mal à l'aise.

Ce n'est que plusieurs jours après que j'ai trouvé le mot adéquat : un mouroir. On les disait disparus, évaporés dans les limbes du passé. Certains négationnistes allaient même jusqu'à dire que c'était une légende.
Encore sous le choc de l'expérience de ma nuit de garde, j'ai ressenti le besoin d'en parler dès le lendemain à mes collègues qui ont manifestement douté de mon témoignage. L'omerta sur les aspects sombres de notre profession a encore de beaux jours devant elle.

Monsieur Seguin

Hôpital Henri Mondor, 13ème étage, service de gastro-entérologie, je prends ma garde. Les transmissions sont exclusivement centrées sur un patient cirrhotique hospitalisé pour hémorragie digestive haute sur varices œsophagiennes. Le pronostic est extrêmement réservé. Le seul traitement à appliquer réside en des lavages de l'estomac à l'eau glacée, en continu.
J'entre dans la chambre. Il n'est pas en réanimation. Cela pourrait sembler une bonne nouvelle.
Le patient, la sonde gastrique fixée sur le nez, est épuisé, jaune comme un coing cirrhotique. A côté du lit, une bassine en plastique remplie d'eau et de glaçons, une seringue de 50 ml et une bassine destinée à recueillir l'eau de lavage.
La mission est simple : laver jusqu'à ce que le liquide de lavage devienne clair.
Il est 20 h, je suis à l'hôpital depuis 8 h ce matin et je me mets à l'ouvrage.
Je pompe l'eau dans un clapotis de glaçons et j'injecte délicatement dans la sonde. Puis j'aspire un liquide rouge sang dans lequel flottent quelques caillots. Et ça saigne comme ça depuis ce matin. Je sens que je suis là pour un bon moment. Je recommence la manœuvre une fois, deux fois, dix fois. Les yeux de la foi me font croire un instant que le rouge est moins rouge, que les caillots sont moins gros. A chaque aspiration je guette les signes d'une amélioration puis je finis par pomper

machinalement, sans humanité, puis mes yeux tombent sur le visage décharné. Je tente un contact verbal. Je me présente, je lui demande si le lavage est douloureux, s'il a besoin de quelque-chose. Un frémissement des paupières sera ma seule réponse. Cela fait une heure que je suis là. Une infirmière fait son apparition pour apporter le ravitaillement du coureur de fond : eau et glace.
Le dos commence à me faire mal. Je décide de m'asseoir pour continuer. La nuit est maintenant bien installée. Le 13ème étage permet de dominer la ville et donne aux circonstances une ambiance encore plus irréelle, presque onirique. Tous les immeubles alentour sont éclairés témoignant que la vie normale est là, juste à côté et que personne ne se doute, blotti dans son confort quotidien, qu'un homme vit à ce moment même un calvaire. Je poursuis les lavages et il me prend une sensation de défi. On va le sortir de là ce type. Je ne trime pas depuis 2 heures pour rien. J'exprime à haute voix ce nouvel élan, convaincu que la motivation est contagieuse. Les caillots disparaissent. C'est une victoire. J'en fais part au premier intéressé. Je vais rechercher de la glace en courant pour ne pas perdre la moindre seconde. Ce serait trop bête. Et les lavages reprennent, méthodiques, parfois frénétiques, toujours optimistes.
Les appartements en contrebas s'éteignent les uns après les autres, les lueurs des voitures se font plus rares, l'hôpital lui-même se calme et s'endort doucement. Je suis dans un vaisseau isolé dans la

nuit volant lentement et silencieusement dans l'indifférence générale.
Je me sens seul.
Dans le silence, on n'entend que le bruit des glaçons et de la seringue. Même les appareils de la réanimation toute proche semblent se donner un peu de répit. A moins qu'elles ne retiennent leur souffle. Le miracle enfin se produit ! L'eau est claire. Il ne saigne plus. Je recommence, pour vérifier. L'aspiration confirme les conclusions de la précédente. Je ne m'avoue pas vainqueur mais certainement pas vaincu et une espèce de soulagement pose sa main sur mon épaule engourdie. Je fais une courte pause de quelques petites minutes je crois. Au milieu de la nuit, le temps prend une tout autre dimension. La vie aussi.
Je regarde ma montre : 2 heures, 2 heures du matin. 18 heures que je travaille. Je suis épuisé mais probablement moins que ce pauvre bougre en qui je puise paradoxalement ma force. Je contrôle le lavage dans le double espoir d'avoir fait céder l'hémorragie et de pouvoir aller dormir une petite heure. Je pompe le liquide glacé, le porte à la sonde et pousse le piston. Petite attente de quelques secondes et j'aspire. Horreur ! Je recommence comme pour révéler une improbable erreur. Il n'y a aucun doute, il saigne encore, et beaucoup. Les caillots sont réapparus encore plus nombreux, encore plus gros. Je suis désespéré puis résigné. Il est 2 heures du matin, je recommence

tout à zéro et j’ai peur de ne pas tenir le coup. J'aurais dû dormir avant, ça n'aurait rien changé. Et puis, à quoi bon, s'il doit crever, à quoi ça sert que je me tue à la tâche. Je vais laisser tomber. Le silence est lourd, pesant, oppressant. Il me semble qu'il abrite des témoins qui observent, accusateurs, mes coupables pensées. Alors je parle. Mes paroles remplissent ce silence et m'exhortent à tenir le cap tandis que mes mains ont repris leur interminable et répétitif labeur. J'aspire l'eau glacée dans la bassine, j'injecte dans la sonde, j'aspire, je vide la seringue dans la seconde bassine et je recommence indéfiniment, comme Sisyphe et son rocher. Et indéfectiblement, l'eau revient rouge, ou rose, ou entre les deux mais jamais claire. Le geste thérapeutique devient une lutte contre la maladie qui le ronge, contre ma fatigue qui me terrasse de plus en plus, contre la mort que je sens rôder comme le loup autour de la pauvre petite chèvre de Monsieur Seguin. Il est 5 heures du matin. Je me sens abandonné.

Malgré tout, je continue. Le piston me fait mal au pouce, le bord de la seringue commence à m'entamer la peau, mon dos me fait mal, mes yeux me piquent. Il faut continuer, coûte que coûte.

La nuit est moins profonde. Je devine même une petite lueur. Le temps ne s'est donc pas arrêté. Nous allons être délivrés, lui et moi. Je sens l'hôpital frémir. Encore une heure et la relève va arriver. Je repense avec horreur à la pauvre petite

chèvre de l'histoire. Je poursuis les lavages. Je n'en peux plus.
Le soleil pointe ses tous premiers rayons. Mon compagnon de route nocturne, dans un petit soubresaut, est pris d'un vomissement de sang qui vient maculer le lit, la bassine et ma blouse ponctuant la fin de la nuit et le combat contre le loup. Il est mort. Je suis abasourdi. Je lui prends la main, lui dit au-revoir et esquisse un signe de croix tant cette nuit a été un long voyage mystique.

-

L'humiliation du cloaque

C'est ma première garde à l'hôpital de Melun, plus précisément dans le service de gynéco-obstétrique. C'est aussi mon premier jour et mon premier contact concret avec cette spécialité qui angoisse terriblement tous les étudiants. Une femme enceinte, c'est un monde à part ! J'ai eu la malchance d'être ponctuel le jour de ma prise de fonction et d'avoir trois camarades affectés dans le service qui ne partagent absolument pas cette qualité. A tel point que, les heures passant, le chef de clinique finit par me dire en me tendant un trousseau de clés : « Comme tu es le seul présent, tu es désigné d'office pour la garde de cette nuit. Je te montre les lieux ». Et le voilà parti à m'ouvrir des portes les unes après les autres. J'ai à peine le temps d'apercevoir l'intérieur des pièces.

« Là, tu as la salle d'attente, là c'est la salle d'examen, dans ce réduit tu as la réserve de matériel avec les compresses, les speculums, enfin tout le bazar, là c'est la salle d'échographie, tu as déjà fait des échos ? »

Ben non, où est-ce que j'aurais appris à faire des échographies, surtout obstétricales ? Je suis interne de médecine générale de 2ème semestre !

« Bah, tu verras, c'est simple, tu vas vite apprendre. Il s'allume là, derrière. Bon, je file, j'ai du boulot. Appelle-moi si besoin mais essaie d'éviter ... ».

Une espèce d'angoisse me monte en le voyant s'éloigner avec, derrière moi, le couloir des urgences de gynécologie-obstétrique encore vide de patientes mais plein de terribles interrogations. Je suis officiellement l'interne de garde et je n'y connais rien. La mission qui me paraît prioritaire est de trouver l'équipe d'infirmières et de sages-femmes. Evidemment, on ne m'a pas fourni le plan du service. Je finis tout de même par trouver leur salle de repos et je me présente en m'excusant presque d'être là. Grand bien m'a pris de faire cette démarche. Je tombe sur une équipe extraordinaire de bienveillance et, je le verrai plus tard, d'une compétence humaine et technique sans limite. Elles m'auront énormément appris sur tant de choses : la gynécologie et la maternité, bien sûr, mais aussi sur le viscéral attachement à la vie à naître, la mort qui s'invite au plus mauvais endroit, le droit de s'émouvoir devant nos patients.
Heureusement, la garde commence plutôt mollement et je me trouve dans une ambiance de consultation de gynécologie assez simple. Cela me met en confiance. Finalement, je m'aperçois que je connais deux ou trois choses. C'est tout de même très angoissant d'apprendre qu'on sait nager au moment où on vous jette dans l'eau. Et puis, le rythme s'accélère brutalement, comme si j'avais été évalué et que les évènements avaient décidé de passer aux choses sérieuses. Je suis appelé au bloc opératoire pour une césarienne. Je vais servir d'aide opératoire, poste utile mais secondaire ... et

une grande première pour moi. On m'habille et c'est parti ! Je n'ai pas le temps de réfléchir et c'est mieux ainsi. Je tente de trouver ma place dans une équipe que je ne connais pas encore dans un lieu que je ne connais pas encore pour un travail que je ne connais pas encore. Situation des plus faciles car on ne parle pas de régler une carburation ou de vérifier un bilan comptable. Nous parlons d'une césarienne en urgence ! L'intervention est franchement très impressionnante pour un novice. Il faut être rapide et précis. Et puis, tout de même, on tranche le ventre d'une femme enceinte et on en extirpe un tout petit bout de chou tout en boule pour le présenter à ses parents. C'est violent et magique à la fois. Mais surtout violent quand on le vit pour la première fois. Comme la nature est bien faite et éminemment perverse, elle décidera de me faire vivre l'expérience de nombreuses fois toute la nuit, jusqu'à épuisement. Le lendemain matin, le chef reconnaîtra que j'ai vécu l'épreuve du feu pour cette première garde. Les salles de travail ne désemplissent pas et les indications de césarienne s'entassent. Nous enchaînons. A peine les gants jetés, nous repassons au lavage des mains pour nous équiper de nouveau. Les heures passent, la possibilité d'un repas devient une douce utopie, je manque de faire un malaise par deux fois. La nuit avance et les choses se calment. Vers 2 heures du matin, assis au dessus d'un café, enfin au calme, je sens les forces m'abandonner quelque peu. Je demande si quelqu'un sait où est la chambre de garde et on m'accompagne gentiment. Il faut sortir du bâtiment. Il fait frais au milieu de la nuit. Nous montons deux étages d'une petite tour pour emprunter un couloir bordé de murs écaillés. Au sol, certaines dalles ont choisi la fuite plutôt que de rester dans ce cloaque. La lumière blafarde ajoute à l'ambiance dystopique du décor. On pousse une porte. C'est ma chambre. Pas besoin de clé car il n'y a ni serrure, ni poignet, ni rien. La qualité des revêtements est à la hauteur de ce qu'annonçait le couloir. L'aménagement est au standard des chambres de garde : un lit et une douche. Un matelas, sans drap, sur lequel on peut lire la carte de géographie d'un étrange pays. Dommage qu'il n'y ait pas de légende car on peut y voir de nombreuses couleurs dans un camaïeu de jaunes, de bruns et de blancs cassés. L'oreiller n'a pas que l'odeur d'une champignonnière, il en a aussi la poisseuse humidité, possiblement le goût. Je dormirai habillé. Je m'assois sur le bord du lit ce qui me permet deux découvertes. Tout d'abord le bruit du tissage métallique qui sert de sommier très probablement conçu pour ne pas pouvoir dormir. Puis, la douche. Jaune, collante, poilue, habitée, odorante. Cette chambre est une gifle, une humiliation quand on pense à la fonction qu'on nous attribue, à la charge de travail qu'on nous fait subir, à l'épuisement dans lequel je suis. Je m'allonge malgré tout car je n'ai d'autre choix que de chercher un peu de repos. Je vais dormir une petite heure avant d’être appelé et finir la nuit au bloc opératoire.

-

Désobéissance

La nuit commence à tomber sur le centre hospitalier Marc Jacquet de Melun. J'ai pris ma garde depuis peu en gynéco-obstétrique quand les urgences m'avertissent qu'ils m'envoient une patiente enceinte de 4 mois qui vient d'être victime d'un accident de voiture. Le premier bilan est rassurant mais ils sont inquiets en ce qui concerne la grossesse. La jeune femme se plaint de douleur, elle a perdu un peu de sang et ne sent plus son bébé bouger.

Je la reçois immédiatement. Son visage est noyé de larmes. Elle est choquée. Elle ne cesse de répéter "mon bébé" dans une psalmodie dont on ne sait trop si c'est un début de deuil ou si c'est pour nous informer qu'elle est enceinte. Je tente de la calmer et de la rassurer pour obtenir des informations plus constructives. Elle finit par entrer en communication. Elle est dévastée par l'angoisse, persuadée qu'elle a perdu son enfant. Il faut dire que la probabilité est loin d'être nulle mais je ne l'informe pas de cette réalité statistique. Au lieu de tourner autour du pot, je l'installe rapidement en salle d'échographie.

Je fais tout d'abord un rapide tour d'horizon sans mot dire. Elle me fait vraiment de la peine. Fœtus toujours là, un cœur qui bat, des petites jambes qui bougent, assez peu mais c'est suffisant, pas d'hématome. Je me confirme à moi-même que tous les voyants sont au vert. Je dois faire confirmer

tout ça par le chef de garde. Il est au bloc. Je n'ai pas le cœur à laisser cette pauvre maman qui est maintenant prostrée, convaincue par mon silence que la partie est perdue.
Et puis merde, je mets le doppler en route et le bruit des battements du cœur remplissent la petite salle sombre. La maman se redresse.
"C'est quoi ça ?"
"C'est votre bébé, il va bien"
Elle s'assied instantanément et me prend dans ses bras en sanglotant, le ventre tartiné de gel qui se répand généreusement sur ma blouse. Les larmes n'ont pas le même goût que celles de son arrivée. Elle me sert longuement dans ses bras en me remerciant peut-être 100 fois.
La seule chose que j'ai faite est de désobéir à la consigne de faire confirmer l'échographie par un chef. Il confirmera mes conclusions le lendemain matin.
J’ai eu droit à un sévère rappel du protocole mais je ne regrette pas d'avoir épargné une nuit de cauchemar à cette maman.

-

Mme Laennec

Une partie de la matinée était consacrée à l'accueil des entrants de la veille au soir ou du matin même. Le service de gynécologie-obstétrique de Melun ne dérogeait pas à cette organisation. En arrivant ce matin là, je prends note, comme tous les matins, des nouvelles arrivantes. Un nom attire tout de suite mon attention : Mme Laennec. Je me dirige vers sa chambre immédiatement après avoir parcouru son dossier qui ne signalait rien de bien méchant.

Je fais mon petit interrogatoire habituel et, n'y tenant plus, je dis :

« Votre nom, Laennec ... »

« Oui, on me pose souvent la question. C'était mon arrière-grand-père »

« Non !? Le Dr Laennec est votre arrière-grand père ? »

Je me surprends à ausculter Mme Laennec grâce à l'invention de son aïeul. L'instant est presque magique, quasi mystique. L'auscultation n'est plus un banal geste clinique. Elle devient à cet instant précis un hommage à ce grand homme. Je remercie Mme Laennec pour ce moment. Elle me remercie pour ma pensée envers son illustre parent.

-

Les remplacements

La mort est dans le pré

Encore un appel des forces de l'ordre pour un constat de décès. Un samedi soir à la nuit tombée. C'est franchement désespérant de gâcher une soirée pour quelqu'un qui, par définition, n'a pas besoin de soins. Ou plus besoin.
Arrivé à l'adresse indiquée du côté d'Ozouer-le-Voulgis, un gendarme me fait des signes avec sa lampe torche. Je pourrais me prendre pour un pilote arrivé à Orly.
"Bonsoir docteur. Je vous invite à laisser votre véhicule ici. Ça se passe un peu plus bas dans le champs au bout de ce chemin. C'est un marginal qu'on connaît bien dans le coin. On l'a trouvé ce soir. On sait pas depuis quand il est là."
Le briefing n'est pas alléchant.
A la lueur de la lampe du représentant de l'autorité apparaît une camionnette en lisière d'une parcelle. Trois autres hommes en tenue, armés eux aussi d'une lampe torche, attendent dans le brouillard de la Brie. Je me dirige vers l'arrière du véhicule grand ouvert. Un bras m'arrête immédiatement. Le faisceau lumineux se pose à mes pieds : "Attention ! Il est là." En effet, j'ai failli marcher sur le cadavre ! Il faut dire que l'individu est habillé de sombre et est face contre terre. Ce dernier détail m'ennuie au plus haut point. Il va falloir le retourner. C'est un minimum pour la mission qui m'est confiée.

"Depuis combien de temps pensez-vous qu'il nous attende ?".
La réponse m'inquiète.
"On sait pas trop. On a été alerté par un habitant du village qui le voit passer tous les jours. Et ça fait une semaine qu'il ne l'a pas vu".
La réponse m'inquiète.
On va tous s'y coller pour le retourner. Un jeune fraîchement recruté est chargé de nous éclairer le théâtre des opérations. J'empoigne le bras droit. Je le sens gonflé, mou et froid. Un vrai bonheur de sensualité.
Prêt pour tourner, tourner.
Le corps se décolle de son support dans un bruit de dégustateur d'huîtres. Nous allons pouvoir mettre un visage sur ce pauvre hère. Et bien non. En lieu et place du visage il y a beaucoup de signes de vie, mais pas de visage. Autant dire que, dans le brouillard de la nuit au milieu des champs, sous la lumière blafarde des lampes de dotation de la gendarmerie, la vision de larves, vers et autres insectes dévorant le visage de cet inconnu dans une odeur de fosse septique laisse une impression très mitigée.
La lumière oscille, se déplace, disparaît.
"Oh punaise ! Le petit s'est trouvé mal."
En effet, le jeune bleu est inanimé à terre, dans la boue. Et de deux ! Sauf que celui-là est bien vivant, fort heureusement. Son malaise n'est que la réaction normale d'un être normal devant un tableau abject et choquant. Ce qui n'est pas normal

est de s'être accoutumé. Après deux ou trois gifles, il nous revient. J'ai envie de lui exprimer mon soutien et ma compassion en lui disant que pour moi aussi c'est une épreuve. Mais pas le temps. Il y a un certificat à faire et un souvenir à effacer.
Pour le certificat, pas de souci. Pour le souvenir, c'est raté.

-

La tête dans les étoiles

Il fait plutôt beau temps ce dimanche là. Je suis appelé pour une visite demandée par la Police Nationale. Je n'aime pas ça. J'avais raison, c'est pour un constat de décès. Je suis rapidement sur les lieux. Deux voitures de police sont devant la maison. Je suis d'ailleurs accueilli à peine sorti de ma voiture par une fonctionnaire.
"C'est pas joli" me dit-elle. "On vous a mis au courant ?"
Non, pas vraiment…
"C'est un jeune. Fusil de chasse. Ses parents l'ont découvert dans sa chambre en revenant d'un week-end à la campagne."
Je n'aime vraiment pas ça.
Ma guide m'ouvre la porte d'entrée et m'invite à rejoindre directement l'étage par l'escalier qui se propose tout de suite à gauche. J'ai le temps de voir un couple d'une cinquantaine d'années tout juste. Ils sont assis sur un canapé. Elle, la tête entre les mains, lui, le regard perdu, tentant de répondre aux questions de l'agent de police. Ils me diront plus tard leur culpabilité sans limite d'avoir laissé leur fils seul tout un week-end, leur fils qu'ils savaient dépressif. Culpabilité décuplée par le fait que monsieur avait gardé le fusil de son propre père en souvenir de sa passion pour la chasse. Et pourtant, il avait complètement démonté l'arme et disséminé les pièces dans des cachettes aux quatre coins de la maison. Et pourtant il n'avait aucune munition. Et

pourtant il n'avait jamais dévoilé le moindre détail sur le maniement des armes à son fils. Et pourtant, son fils avait trouvé toutes les pièces du fusil, avait su le remonter, s'était procuré les munitions, avait tiré.
Je suis à contrecœur la policière. Un chat prend le chemin inverse.
"Attrapez-moi ce chat, il a un bout du corps ! Faut pas que les parents voient ça!"
Comble de l'horreur que de voir ce chat, un morceau de viande entre les dents, et pas n'importe quelle viande …
"C'est le problème quand il y a des animaux sur des scènes comme ça."
J'aime de moins en moins ça.
Sur le palier distribuant les pièces de l'étage, on m'annonce comme le médecin et, détail inquiétant, on me souhaite bon courage. Je mets un peu de temps à décrypter ce que je vois. Les yeux voient, le cerveau n'analyse pas. Un fusil à terre, ça c'est clair et ça correspond à ce qu'on m'a raconté. Sur le lit, c'est plus confus. Quelqu'un doit être assis car je vois une paire de tennis et des jambes. Je balaie du regard pour comprendre, pour rassembler des éléments. Le mur au dessus du lit et, mon Dieu, le plafond ! Tout n'est que mouchetis de sang qui dégouline, mêlé à des morceaux gluants inidentifiables. C'est indescriptible. Je prends sur moi pour rester là et affronter ce que j'avais vu mais instantanément éludé. Au dessus des jambes et du buste assis on voit ce qui doit être une

mâchoire car on aperçoit quelques dents et puis plus rien qu'une bouillie dans laquelle je finis par distinguer un œil. C’est une véritable horreur, un cauchemar.
J'imaginais que cela existât. Je n’aurais jamais voulu le voir mais j'ai vu. C'est terrible.

-

La guerre à trois n'aura pas lieu

Samedi soir, tardivement, tombe l'appel pénible. Je commençais à envisager mon lit pour profiter, peut-être, d'un peu de sommeil. Dommage ... je vais devoir aller voir une douleur abdominale. Je me retrouve à Santeny, dans ce qu'on appelle en toute simplicité le Domaine. C'est une zone pavillonnaire "à l'américaine" qui avait fait son petit effet lors de sa construction dans les années 70. La visite de la maison témoin était une attraction en soi. On avait la possibilité de découvrir l'habitat des riches. La promesse de l'arrivée de quelques célébrités allait entretenir le mythe. Le fait est que, dans notre petite zone agricole, le Domaine a fait très vite figure de réserve pour gens aisés.
Me voilà devant l'une des maisons de cet ensemble que je connaissais déjà bien. Il est minuit à peine passé. Je sonne. Un carillon retentit, ce genre de sonnerie qui vous fait dire qu'on n'est pas au 15ème étage d'une tour de Seine Saint Denis.
On m'ouvre rapidement. Une jeune femme, 25 ans environ, c'est à dire à peu près mon âge, petite brune plutôt très agréable à l'œil. Habillée tout de noir, jupe courte, décolleté ostentatoire mais pas vulgaire.
"Bonsoir, je suis le médecin de garde".
"Oui, c'est pour moi". L'annonce est déjà en soi un peu déroutante car le plumage ne correspond pas au ramage. Le petit œil de biche qui accompagne

le verbe enfonce le clou. C'est alors que j'aperçois un clone plus loin dans l'entrée. Jeune femme court vêtue, bien faite de sa personne, coiffée, maquillée et chaussée. Idéal pour sortir, moins pour soutenir une amie malade qui attend le médecin de garde en pleine nuit. Je suis plus habitué aux cheveux en bataille, chaussons licorne et robe de chambre. Mais, soit, on voit de tout dans ce bas monde, surtout passé minuit.
La malade me précède jusque dans le salon où je fais un rapide interrogatoire. Je suis rassuré. La patiente devrait survivre mais restons professionnel et prudent. Je l'invite à s'allonger sur un petit sofa qui permettra l'examen clinique. Température parfaite. Auscultation cardiaque parfaite, dans tous les sens du terme car, à l'approche du stéthoscope, la jeune femme dégrafe un puis deux boutons de son chemisier et écarte le haut de son soutien-gorge pour dévoiler juste ce qu'il faut de son sein gauche tout en me gratifiant d'un regard direct et insistant que je feins, assez maladroitement, d'ignorer. J'en viens à l'obligatoire palpation abdominale. N'oublions pas que la belle a mal au bide.
Sa jupe est très pratique. La fermeture latérale permet de dévoiler rapidement, efficacement et intégralement la zone d'examen. Elle me précise la zone supposément douloureuse qui est beaucoup plus basse que je ne l'avais compris. Ce qui nous rapproche de sa culotte noire, ravissante, terriblement limitée en surface et dont la dentelle

laisse voir une totale absence de pilosité (rappelons que dans les années 90, ce détail était réservé à quelques professionnelles ou amateurs éclairés). Souhaitant faciliter mon travail, la jeune souffrante tire un peu sa lingerie vers le bas dévoilant l'endroit où le ventre cesse de s'appeler le ventre en échangeant un regard complice avec son amie manifestement de moins en moins inquiète par son état de santé. Une petite ondulation du bassin, des cuisses qui s'écartent subtilement finissent de compléter un tableau qui est loin d'être une nature morte.

Compte tenu du motif initial de l'appel d'urgence, il aurait été professionnel de pratiquer un toucher vaginal mais quelque-chose me dit qu'il faut peut-être bâcler un peu l'examen.

J'improvise un discours rassurant pendant que la patiente, plutôt que de se rhabiller, ajuste ostensiblement ses bas. Je souhaite une bonne fin de soirée au duo qui me précise avec une voix d'aéroport que finalement elles ne sortiraient pas ce soir et qu'elle préféraient finir la soirée ici.

J'ai compris à demi-mot que quand il y en a pour deux, il y en a pour trois et je décline sans dire mot l'invitation tacite.

L'exercice médical expose à tous types de danger. Ce soir-là, il était conjugal.

-

Saint Emilion et Sainte Dypne

"Allo docteur, il faudrait venir me voir, je suis au bout du rouleau. Je crois que je vais me faire péter le caisson. Je suis après Grisy, dans un chemin en cul de sac. Il faut aller jusqu'au bout. Je suis la dernière maison sur la gauche. Il y a des chiens, mais faut pas avoir peur".
Le type avait l'air vraiment désespéré. Nous sommes dimanche matin. Je pars illico en espérant que cela ne dure pas trop. Je suis malheureusement habitué à ces appels au secours et je sais que cela peut s'éterniser un peu. La suite ne va pas désavouer l'expérience.
Alors que je suis en route sur la nationale 19 dans ma petite 205 GL blanche, l'homme rappelle.
Il est besoin de contextualiser. Dans ces années-là, les téléphones portables n'existent pas, ou à un tel prix que l'on peut considérer qu'ils n'existent pas. A ce sujet, on peut s'amuser du fait que l'un des argumentaires en faveur de ces appareils étaient d'ordre sécuritaire et médical ... mais que les médecins n'avaient pas les moyens de se les procurer. Bref, toujours est-il que ce fameux patient appelait alors que j'étais dans ma voiture. A l'autre bout du fil, ma femme.
"Bonjour, je vous rappelle pour préciser qu'il ne faut pas que le docteur ait peur. J'ai trois gros chiens et je suis armé, mais faut pas s'inquiéter."
La voix est pourtant inquiétante, empreinte d'une dangereuse bizarrerie. Ma femme, en raccrochant,

est prise d'une angoisse, comme un mauvais pressentiment qui ne va pas aller en s'arrangeant, d'autant plus qu'elle est impuissante et incapable de m'avertir du potentiel traquenard.
Pendant ce temps, j'avance un peu hésitant sur un chemin au lieu-dit indiqué. Cul de sac en lisière de champ. Je stoppe la voiture et prends ma mallette. A ma gauche un petit pavillon au sommet d'une petite butte. Je m'aventure en passant timidement le portail. Soudain, trois chiens de type "mangeur d'homme en pleine disette" descendent le terrain au galop, babines au vent et les yeux pleins de haine. En haut, sur le perron, j'aperçois un homme qui gesticule et vocifère. Il m'invite, si l'on peut dire, à poursuivre mon avancée en terrain ennemi. Il me fait signe de la main dans laquelle je distingue très clairement une arme de poing, probablement un automatique de 9 mm. Les chiens hurlent, me tournent autour, esquissent des assauts interrompus par un beuglement du maître. "Putain de clébards" dit-il en les mettant en joue. "Faut pas avoir peur, ils sont cons mais ils savent que j'peux les plomber. Mais les quittez pas des yeux, dès que vous aurez le dos tourné, ils vous sauteront à la gorge". Je ne savais plus trop qui me faisait le plus peur des chiens ou du maître.
J'arrive enfin là-haut, dans la maison, à l'abri ou du moins le croyais-je. Terrible erreur.
La porte d'entrée donne sur un semblant de pallier qui s'ouvre sur la pièce principale très étrangement meublée : deux chaises dépareillées faisant dos à

une table et un genre d'établi le long du mur principal. Il fait sombre bien qu'on soit en pleine journée. Pour cause, les volets sont fermés, ajourés par leur très mauvais état mais fermés. Je m'accoutume peu à peu à la pénombre et je m'aperçois que les fenêtres ont disparu. Mais le détail le plus surprenant et inquiétant que mes yeux finissent par percevoir est disposé sur ce long établi. Un véritable arsenal est aligné méticuleusement comme prêt à une action imminente : des fusils de chasse, des fusils mitrailleurs avec une probable kalachnikov, des pistolets, mais aussi des couteaux de combat. Lui, toujours son 9 mm à la main, commence son récit en s'asseyant lourdement sur une des deux chaises. Son vague à l'âme, sa solitude, pas le moral. J'écoute d'une demie oreille et, scrutant ce qui est plus ou moins visible, je tente un rapide état des lieux : où sont les issues accessibles, le cran de sécurité du 9 mm est-il engagé ? Je me sens en danger.
"Putain ! Y va s'asseoir !" crache-t-il avec une brutalité qui contraste singulièrement avec la monotonie de son récit. Il se lève de son siège en pointant le second du canon de son arme. Ce n'est pas une invitation mais une sommation avant l'ouverture du feu.
"Tu m'écoutes ou tu t'en fous ? T'es comme les autres, t'en as rien à branler que j'me foute en l'air. T'as vu, j'ai tout c'qui m'faut. Y'a qu'à choisir".

Et le voilà à me faire l'inventaire avec une évidente jouissance à exposer sa puissance et son pouvoir. Le verbe est triomphant pour devenir tremblant d'émotion à l'évocation du possible service rendu par telle munition. Le diagnostic n'est pas scientifique et ne répond pas au DSM IV mais il est sans appel : il est fou dangereux.
"T'en n'as p'têt rien à branler de mes histoires mais tu vas les écouter. Moi, la mort, j'la connais. Quand j'suis au fond, j'lui parle avec tout ça (coup de menton vers l'étalage). Mais toi ? T'en connais quoi ? La vie, la mort, tout ça... ?".
Le monologue est sans fin. Tantôt exalté, tantôt menaçant. Enfin, il se calme et devient plus humain. Il me livre sa dépression au bout d'une heure et demie, sa vie solitaire dans une maison vide.
"J'ai même pas de fenêtres ! L'hiver je vis dans le noir ou j'me pèle les couilles. C'est une vie ça ?".
Je décroise les jambes histoire de changer un peu les appuis sur la chaise en bois. J'ai dû appuyer sur un détonateur camouflé. L'autre saute de sa chaise comme s'il avait reçu un coup de pied au séant.
"Putain te lève pas ! Tu vas quand même pas te barrer comme ça ! Tu veux aller où ? ». Il est debout devant moi, un fusil mitrailleur à la main. Ça impose un peu de réfléchir à sa réponse. Je fais appel à mes talents de diplomate et de négociateur qui finissent miraculeusement par payer car il se rassied et poursuit calmement son propos autour de son mal de vivre. Ce dernier

prend sa source dans sa vie conjugale qui fut abrégée par une compagne qui a probablement sauvé sa peau, dans le constat que notre pays est gouverné par des pourris vendus aux puissances étrangères et aux francs-maçons et dans sa haine décomplexée des nègres et des bougnoules. Je tente des propos compassionnels dans les petites et rares accalmies de son monologue. Je le rassure, le valorise. En fait, je me débats silencieusement pour partir, pour me sauver au sens littéral du terme. Je pense à Claire. J'envisage que je ne vais jamais rentrer à la maison et que je ne la reverrai pas. Finir abattu par un déséquilibré serait une fin vraiment trop bête et injuste. J'ai de fugaces pensées de nos moments de vie, des photos instantanées qui s'imposent par flashs successifs. Je suis envahi par mille sentiments. Je suis triste et mort de peur, je suis résigné et combatif. Je suis sur le qui-vive autant pour attraper la moindre occasion de fuir que pour éviter une balle ou un coup de couteau.
"Lève-toi !".
Il se poste devant moi. Je n'arrive pas à décrypter son langage corporel, son regard. "C'est bizarre la vie, hein, pas vrai ?".
Il a toujours son fusil mitrailleur à la main droite. D'un geste, il me colle le canon dans le cou, dirigé vers le haut. C'est froid mais surtout très angoissant. J'analyse très vite la trajectoire d'un éventuel projectile et ça ne présage rien de bon. J'imagine que je bats tous les records de taux

d'adrénaline tant j'ai le cœur qui cogne. Je suis de plus en plus convaincu que c'est la fin du chemin.
"Hein, t'es pas d'accord ? T'es là, comme ça tranquille, et puis en une seconde..." Et là, il force la pression de l'arme sur ma gorge tandis qu'il pousse un rugissement rauque et brutal censé imiter le bruit d'une rafale d'arme automatique. J'y ai vraiment cru. J'avais guetté le moment où il faudrait que je me jette sur le côté et c'était maintenant mais c'était trop tard. Enfin ça aurait été trop tard s'il avait vraiment appuyé. Je crois que mon cœur s'est arrêté un instant après avoir battu si vite.
"Suis-moi".
Il passe derrière moi. Je le suis docilement mais ai-je le choix ? Puis-je me payer le luxe de la désobéissance ? Il fait demi-tour pour troquer son fusil d'assaut contre un couteau qui aurait fait verser une larme de jalousie au grand Rambo.
"Tu m'plais bien, tu m'es bien sympathique. J'vais t'faire un p'tit cadeau".
Je crains le pire.
Il s'approche de moi. Je pressens une nouvelle épreuve. Arrivé à ma hauteur, il pointe le couteau vers mon abdomen. C'est un couteau à cran d'arrêt. Ce que je redoutais arrive : la lame sort du manche pour s'arrêter à 2 ou 3 cm de moi. Je contracte mes abdominaux dans un réflexe qui vise autant à gagner les quelques millimètres qui pourraient éviter un impact que d'opposer une résistance à la pénétration de la lame. Sur ce dernier point,

j'admets avoir un petit doute sur l'efficacité de la mesure mais un réflexe est un réflexe. Il s'ensuit une espèce de transe. La lame se rétracte, puis ressort, puis se rétracte encore, puis ressort avec une fréquence de plus en plus élevée. Dans le même temps apparaît un tremblement de la main, d'abord léger puis de plus en plus évident, traduisant la fascination de mon tortionnaire. Les aller-retours hypnotiques de la lame s'enchaînent frénétiquement et, dans un murmure, les dents serrées par une haine difficile à contenir, il profère "Putain, si je tenais un noir ou un arabe ..." Cette sentence a pour effet de le sortir de sa transe et d'abréger ma torture. Il s'arrête instantanément et disparaît derrière une porte. Pendant une demi-seconde j'envisage de passer la porte d'entrée qui est juste derrière moi pour me sortir de cet enfer. Mais le souvenir des chiens calme mes envies d'évasion héroïque et j'ai la certitude que la moindre erreur se solderait par une balle dans le dos. Et après tout, il a déjà eu quelques occasions de me faire la peau. Et puis il a dit que je lui étais bien sympathique. J'ai à peine le temps d'achever mes réflexions qu'il réapparaît avec une bouteille à la main. Du Saint-Emilion.
"Tu boiras ça avec des potes. C'est un super pinard".
Et il me souhaite un bon retour.
Je sors de la maison sans trop oser croire que c'est fini. Je descends le terrain sans savoir si je cours ou si je titube. Je m'efforce de ne pas me précipiter.

Les chiens ont bizarrement disparu. Je passe la grille en me retournant. Personne. Je monte dans la voiture. Je regarde l'heure : le calvaire a duré 4 heures et demie. C’est très long mais beaucoup moins que le souvenir qu’il me laissera.

-

Un lit glacé

Ce mois de janvier est glacial et quand je suis réveillé en pleine nuit pour aller voir un patient à Grégy-sur-Yerres, je dois rassembler tout mon courage pour sortir du lit. La simple pensée de passer de mon lit à la voiture dans la nuit que je devine glaciale me vole une énergie dont j'ai pourtant furieusement besoin.

Je saute dans mes vêtements en évitant de réfléchir et quitte le plus discrètement possible l'appartement en tâchant de ne pas réveiller Claire et Julien.

Comme je le redoutais, il fait un froid cinglant et le choc thermique ajouté à la fatigue me tétanise. Je suis trop contracté pour trembler. Impossible de partir sans dégivrer les vitres de la voiture.

La route scintille dangereusement et je sens le train avant de la voiture prendre quelques libertés. Je passe Brie-Comte-Robert pour atteindre Grégy en quittant l'axe principal que représente la nationale 19. La route est étroite, verglacée et plongée dans l'obscurité d'une nuit sans lune.

Au détour d'un virage, un panneau indique un passage de gué. Je le connais bien ce passage. C'est un endroit habituellement charmant où l'Yerres traverse la route. Un passage en pierre est ménagé en hauteur pour les piétons. Les conditions climatiques me jettent un grand doute et je ralentis pour laisser aux phares le temps de m'informer sur les dangers du terrain. Trop tard, je sens la voiture perdre son adhérence et glisser lentement dans la petite pente qui amène au fameux gué. Impossible de maîtriser quoi que ce soit. La voiture finit par s'immobiliser sur le gué. Le silence se fait. Pas un bruit d'écoulement d'eau. C'est intrigant quand on est censé être coincé dans le lit d'un ruisseau. J'ouvre la portière et découvre que le ruisseau est solide, totalement gelé. Je décide de sortir de la voiture pour évaluer la situation. Je manque de tomber en glissant sur la patinoire et mon constat est désespérant : la voiture est immobilisée sur la glace au fond d'un creux avec une route d'accès et de sortie verglacée. Je tente de pousser la voiture vers la berge dans l'espoir de trouver une petite zone d'accroche pour les pneus. Impossible. Chaque poussée se traduit par une glissade de mes chaussures.

Et je réalise que je suis seul en pleine campagne sans aucun moyen de communication ni aucune solution pour me sortir seul de ce mauvais pas. Il est 3 heures du matin, il fait -6°C, la nuit est noire d'encre. Je pense à ce patient qui attend ses soins. Le stress de ne pas arriver dans un délai décent laisse place au désespoir. Je suis fatigué. Fatigué par ce lever nocturne, par le froid martyrisant, par cette épreuve de trop. Je n'ai pas fait médecine pour être maltraité. Je suis découragé. Est-ce que ce « jeu » en vaut vraiment la blafarde chandelle ?

Je pense à Claire qui risque de s'inquiéter terriblement si elle ne me voit pas rentrer. Tout

cela, elle le subit elle aussi, à sa façon. C'est injuste et culpabilisant.
Je décide de ne pas me laisser abattre. Je retourne dans l'habitacle et je tente une petite marche avant. La voiture avance de quelques centimètres et décroche. Je réitère, je laisse la voiture glisser vers l'arrière puis, profitant du tout petit élan lorsqu'elle redescend je lui fais gagner encore quelques centimètres et j'amorce ainsi un lent mouvement de balancier dont l'amplitude augmente tout doucement jusqu'à ce que les roues avant trouvent enfin un peu de bitume accueillant qui permette à la voiture de grimper ce petit raidillon. Elle avance en crabe ivre, mais elle avance. Après une dure bataille j'arrive au domicile du patient dont je ne me souviens plus du tout de quoi il souffrait. Ce dont je me souviens, c'est la lutte, seul dans la nuit glaciale, contre les éléments, les circonstances et mes doutes.

-

Pretium somnis

« Allo, j'aurais souhaité qu'un médecin passe me voir. Je ne me sens pas bien, j'ai de la fièvre et mal à la gorge et je dois faire un déplacement à l'étranger demain ».

Nous sommes samedi soir et le téléphone vient de me réveiller à presque 1 heure du matin. Ma femme profite également de la sonnerie. Le motif n'est pas des plus alarmants, surtout pour un adulte, mais je me laisse convaincre par son déplacement à l'étranger prévu demain. Me voilà donc parti pour Santeny.

L'homme qui m'ouvre la porte ne semble pas souffrir outre mesure mais il m'annonce que c'est pour lui que je suis là. L'interrogatoire m'apprend rapidement que le terme de fièvre était un effet de style. Il aurait dû, de son propre aveu, plutôt parler de sensation de fièvre parce que, finalement, sa température est normale. Cela aurait tout de même justifié que je ne sorte pas de mon lit.

L'examen clinique est tout ce qu'il y a de plus normal. A 1 heure du matin, ça me laisse un goût un peu amer. Je conclus en une pharyngite, autant dire rien. Je suis un peu contrarié de m'être fait sortir du lit pour un demi virus. Je lui fais part, avec bienveillance, que je comprends son inquiétude à la veille de son déplacement professionnel à l'étranger. Côté pays étranger, on est assez loin du Burkina Faso ou autre pays à risque sanitaire élevé car il est attendu en Italie. Je

sens l'argument du départ à l'étranger un peu discutable. Mais, soit, passons.
Côté professionnel aussi, la notion semble assez floue. Finalement, la discussion m'amène à l'évidence que Monsieur part demain en vacances en Italie avec sa petite famille et qu'il souhaite partir dans la meilleure forme possible. Cet individu s'est ouvertement foutu de moi ! Je reste calme mais je suis à la fois en colère et humilié.
« Combien vous dois-je pour votre consultation ? »
Sans hésitation, je double le prix habituel.
Il tique.
« Et bien ! la santé n'a pas de prix ! »
« Non Monsieur, c'est le sommeil. »

-

Rire non communicatif

Dimanche, début de soirée, un appel tombe et fait partir en fumée mon maigre espoir de pouvoir terminer ce dimanche tranquillement. Cette fois je me déplace sur Marolles-en-Brie. Une maison fort coquette, pour ne pas dire franchement haut de gamme. L'homme qui sollicite ma venue et qui m'accueille est manifestement socialement établi. Il est de contact plutôt agréable.

Le motif d'appel est assez discutable mais j'ai un peu l'habitude.

J'examine ce patient comme il se doit, lui expose mes conclusions et lui rédige ordonnance et note d'honoraires. A la vue de cette dernière, il lève un œil vers moi, reconsidère le chiffre inscrit, me regarde de nouveau et explose de rire. Un rire franc et irrépressible qui le secoue convulsivement. Un fou rire comme on en voit peu. Enfin, entre deux spasmes, reprenant sa respiration avec peine, il me lance avec une abjecte condescendance :

« Et vous vous déplacez pour ça ? Un dimanche ? »

-

Succès damné

Tout indique une espèce de guet-apens. L'heure, la voix de mon interlocuteur, le motif hésitant, l'adresse. Encore un appel en pleine nuit pour aller dans le domaine de Santeny voir un nouveau riche névrosé. C'est un peu caricatural et pétri d'a-priori, je le reconnais.

Rien que le fait de chercher une maison dans ce domaine, en pleine nuit, est une épreuve. Lors d'un de mes récents déplacements dans ce labyrinthe j'ai été arrêté par les pompiers qui m'ont demandé leur chemin. Ils allaient à la même adresse que moi et nous étions tous perdus !

Tout cela pour dire que je n'ai pas très envie de jouer les minotaures en pleine nuit.

J'arrive tout de même chez le patient. Tout laisse à penser que j'ai affaire à un noctambule. Un verre est servi sur la table basse à côté d'un cendrier où une cigarette se consume en solitaire. Je suis invité à prendre place sur un fauteuil disposé dans ce coin salon. L'homme m'explique ses difficultés d'endormissement en me les illustrant et les justifiant par des images, des paraboles, des anecdotes. Je ne le sens pas. Je tente de poser un diagnostic d'ordre psychiatrique en traquant des indices dans son exposé. Rien à faire. En fait, il me met mal à l'aise. C'est très inobjectif mais je ne trouve pas mieux. Il finit enfin par m'expliquer que, lorsqu'il traverse ce genre d'épisode d'anxiété et d'insomnie, son médecin ne trouve pas d'autre

solution que de lui administrer une ampoule de Valium en injection intra-musculaire. Rien que ça ! Il ne fait pas dans la demie-mesure son toubib. Je lui exprime ma réticence et tente de lui faire relativiser ses troubles du sommeil. Nous entrons dans une négociation d'autant plus fatigante qu'il est 2 heures du matin et que, moi, je n'ai aucun problème d'endormissement pour peu qu'on me laisse tranquille. Je cède. Je sors une ampoule de Valium, arme la seringue et la vide dans la fesse de la future belle au bois dormant.
Je pars sans être vraiment fier de ma prestation et en espérant ne pas avoir nourri une addiction.
La semaine suivante, encore dans la nuit de samedi à dimanche, même voix au téléphone, même scénario à ceci prêt que je mets moins de temps pour trouver la maison. Il me reconnaît et semble content de retomber sur moi. Ce sentiment n'est pas vraiment symétrique. Le discours et l'argumentaire sont les mêmes. Il veut son Valium sinon il ne va pas dormir et il ne sait pas ce qu'il est capable de faire s'il ne dort pas. On sent un soupçon de chantage au suicide en arrière plan. Je n'y crois pas beaucoup. Je suis par contre absolument convaincu qu'il est addict aux benzodiazépines. J'ai déjà mon idée pour contourner l'obstacle. Je minaude puis me laisse convaincre de lui injecter le poison tant désiré. Je ne prépare pas du Valium mais du Coltramyl. Ce dernier a une présentation très similaire : même volume, même couleur, même voie

d'administration. Mais ce n'est pas du Valium. Je sors de chez le junkie, lui, satisfait de ce qu'il a reçu, moi, satisfait de ce que je n'ai pas donné.

Deux ou trois semaines plus tard, dans une espèce de comique de répétition, je reconnais la voix au téléphone. Nous sommes encore en pleine nuit. Il m'explique qu'il est au creux de la vague, qu'il est mal, qu'il est torturé par de nombreux problèmes, qu'il n'aspire qu'à du repos. Me voilà donc reparti à Santeny avec ma petite mallette garnie de Coltramyl injectable. Je suis décidé à bâcler l'histoire le plus vite possible. Je subis le monologue du bobo francilien capricieux tout en préparant ma seringue. J'injecte et je commence à remballer mon petit matériel.

« Je peux voir l'ampoule ? »

Le saboteur de mes nuits veut vérifier ce que je lui ai injecté. Je botte en touche en prétextant que je l'ai jetée.

« C'est pas une question, je veux voir l'ampoule que vous m'avez injectée. Faut pas me prendre pour un imbécile. Y'en a qui essaient de m'entourlouper en m'injectant du Coltramyl mais moi on me la fait pas. J'ai demandé du Valium, pas autre chose, sinon ça ne me fait rien. Montrez moi l'ampoule ».

Le ton est brutal. Il s'est approché de moi et me parle à bout portant me gratifiant de ses menaces et de ses postillons. Je refuse de me plier à son exigence incompatible avec une relation médecin-malade basée sur la confiance. Il n'est pas dupe. Il

est trop malin ou trop idiot pour saisir mon argumentaire.
« C'est simple, si vous ne me montrez pas l'ampoule, vous ne sortez pas d'ici et je vous pète la gueule ».
Je ne sais pas comment m'en sortir. J'entretiens la discussion pour gagner du temps tout en ouvrant ma mallette. Je tripote mes petits tiroirs d'injectables en lui parlant. J'en ouvre un, puis un autre, fait mine de remarquer une erreur de rangement, déplace une ampoule, puis une autre. Mon discours apaisant et rassurant, impliqué dans le confort de mon patient me permet de justifier les errances de mes recherches au cœur de la mallette. Je prends discrètement une ampoule de Valium que je parviens à casser sans bruit au creux de ma main au risque de me couper et je laisse couler le produit entre mes doigts. Je lui présente l'ampoule vide. Il est satisfait et s'excuse d'avoir douté. Le stratagème a fonctionné mais j'ai franchement eu très chaud.
Promis, juré, il pourra toujours me rappeler, je ne viendrai pas.

-

La parturiente et le carreleur

Nous nous sommes lancés, Claire et moi, dans la réfection de notre cuisine. Tout y est passé, on a tout cassé et maintenant, on reconstruit. C'est dimanche et malgré ma garde de week-end, j'attaque le carrelage de la crédence. Il faut dire que si j'attends de ne pas être de garde, rien ne se fera. Comme prévisible, le téléphone sonne quand j'ai les mains dans la colle.
Claire décroche.
« Allô, oui ? Non, je ne suis pas le médecin. Je vais vous le passer. Oui, je comprends, vous avez mal au ventre ».
La conversation se poursuit par l'intermédiaire de Claire, le temps que je sois opérationnel.
« Vous avez de la fièvre ? Bien. De la diarrhée ? Des vomissements ? Parfait. Vous prenez des traitements ? Et vous avez mal depuis combien de temps ? Ah ! Depuis ce matin. Et au début c'était une crampe par-ci, par-là et ça devient de plus en plus souvent. Bon ».
Un petit silence, Claire me regarde fixement avec une espèce de doute inquiet. Elle met le haut-parleur.
« Comment ça vous êtes enceinte ? Depuis quand ? … 9 mois ! Mais l'accouchement est prévu pour quand ? ».
Je pressens une situation tendue et je laisse le combiné à Claire pour me changer et passer de la tenue de carreleur à celle de médecin.

« Oh, on a le temps, c'est prévu pour la semaine prochaine ! Je voudrais juste savoir ce que je peux prendre comme médicaments avec la grossesse. »
Je crie du fond du couloir :
« Ecoutez-moi : vous appelez tout de suite le SAMU en faisant le 15 et j'arrive. »
« Oh ben non, pas le SAMU, j'ai pas si mal que ça ! Je vais attendre que vous arriviez. Vous savez, c'est le troisième, je sais ce que c'est ».
Le troisième ! Et en plus, elle risque d'accoucher en une demi-heure !
Claire enchaîne :
« Madame, soyez raisonnable, je vais raccrocher, vous appelez le SAMU immédiatement et le médecin arrive ».
La dame insiste. Elle attendra l'arrivée du médecin.
Je saute dans ma 205, le cœur à 140. Je m'engage sur la nationale 19. Au premier feu, l'angoisse me prend et mon cerveau est en lutte.
« Mais, ne t'affole pas, ne te fait pas de film. La probabilité pour qu'une femme accouche à domicile est plus que faible, d'autant plus qu'elle a déjà accouché deux fois et qu'elle reconnaîtra les contractions utérines ».
« Oui, tu as raison».
Au feu suivant : « Nom de Dieu, c'est sûr, elle est en train d'accoucher et je vais arriver trop tard, ça va être un carnage. Il faut que je fonce ».
Il n'y aura pas d'autre arrêt au feu. J'aurais bien aimé être armé d'un gyrophare …

Je me gare à la va-vite en bas de l'immeuble et je monte quatre à quatre l'escalier (expression un peu abusive parce que deux à deux, c'est déjà pas mal).
Je sonne.
Derrière la porte, des bruits d'enfants, de cavalcades. L'ouverture de la porte ne semble pas une priorité absolue. Ou alors je suis très impatient.
Un enfant m'ouvre et une voix féminine m'invite à la rejoindre dans la chambre, par là, au fond.
Je découvre une femme corpulente allongée sur un lit défait. Je me présente rapidement, ce qui est parfaitement inutile. Je prends une température et une tension en balayant la chambre du regard, histoire de bien vérifier qu'il n'y ait pas un nouveau né quelque part.
Je palpe l'abdomen. Elle est manifestement très enceinte. Il me faut faire un toucher vaginal pour me faire une idée précise. Mais avec les gamins qui courent un peu partout, je ne me sens pas à mon aise pour effectuer ce type de geste !
J'invite la dame à demander à ses enfants et à leurs petits camarades d'aller jouer ailleurs. Bien qu'elle ne semble pas bien comprendre l'intérêt de la consigne, elle l'accepte en poussant un beuglement à la fois strident et chargé d'infra-basses comme seules les femmes du monde en ont le secret.
« Faut que j'enlève ma culotte ? »
« Oui, je vous remercie madame. » J'ai envie d'ajouter que déjà pour moi, le passage sera

difficile, mais pour son héritier, je n'imagine pas le combat avec la culotte.
Muni de mon doigtier, je m'avance au devant de mes problèmes. A peine ai-je passé la vulve que je tombe sur la tête, dans tous les sens du terme, le terme étant donc atteint.
Pas de doute, je vais procéder à l'accouchement et c'est ce qui me faisait le plus peur.
Il faut s'organiser au plus vite parce que les choses vont rapidement s'accélérer. Je rassemble mes esprits, j'appelle le SAMU, je demande des serviettes de toilette et un sèche-cheveux. J'invite la future maman à appeler une amie pour embarquer la marmaille et il faut que j'insiste un peu.
« Allo, Valérie ? Oui, c'est Patricia. Ma foi, ça va, ça va. Et tes enfants, ils vont bien ? Tant mieux. Oui, les miens aussi. Kevin va mieux. Il court partout ».
Mais tu vas te dépêcher oui !
« Oui, dis-moi, je t'appelle parce que j'ai le médecin à la maison et … non, ne t'inquiète pas, tout va bien ».
Mais non, tout ne va pas bien !
« Le bébé va bien, pas de problème. Est-ce que tu pourrais venir chercher les enfants ? Oui maintenant, ce serait mieux. C'est pas pressé, pressé mais ça serait mieux ».
Mais non, mais, c'est tout de suite maintenant ! C'est même presque trop tard !

« Oui parce que, tu vas rire, le médecin dit que je vais accoucher … oui, maintenant, dans ma chambre. Tu y crois toi ? Alors ce serait bien que tu viennes. Merci, à tout à l'heure ».
Comment ça, à tout à l'heure ? Mais c'est tout de suite qu'il faut qu'elle rapplique !
« Elle finit un truc et elle arrive ».
Je crois rêver. Cette scène est surréaliste.
Je fais sortir les enfants de la chambre avec une petite impatience qui n'invite pas à la négociation.
La « petite » dame me demande : « Il faut que je me déshabille ? »
Elle me refait le coup de la culotte !
Enfin, elle est en tenue adéquate, vautrée sur sa couette et quelques serviettes de toilette. Je sens que le carnage annoncé ne va pas tarder d'autant que Madame me commente l'efficacité de sa dernière contraction par un « Oh Putain, je vais me chier dessus, merde ! ». L'enfantement est plein de poésie.
Malgré l'installation on ne peut plus imparfaite, je replonge dans le vagin de la dame. La tête est encore descendue. J'entends la Valérie en question entrer dans l'appartement et annoncer qu'elle a le troupeau sous bonne garde. La porte claque.
A l'attaque !
Je vérifie au doigt que le cordon n'ait pas décidé de jouer les étrangleurs et je fais pousser la maman. La poche des eaux s'ouvre et envoie un tsunami sur la couette et les serviettes. Je l'avais

presque oublié celle-là ! Une ou deux poussées plus tard et l'enfant est libéré. Il pleure ! Ouf !
Je le mets sur le côté, vérifie très maladroitement que la bouche n'est pas encombrée, l'emmaillote dans les serviettes de toilette rescapées du tsunami alors qu'il est encore relié à sa mère par le cordon ombilical. Je préfère attendre le SAMU pour le couper parce que je ne suis pas vraiment outillé pour la manœuvre. Il n'y a plus qu'à attendre en réchauffant l'enfant avec le sèche-cheveux.
« C'est quoi ? ».
Mince ! Je n'ai même pas pensé à regarder !
« C'est un petit garçon Madame. Et il va très bien ».
Branle-bas de combat dans l'escalier. Les sauveurs arrivent après la bataille. Voilà le SAMU !
Assis sur le lit avec mon sèche-cheveux que j'agite entre les cuisses de l'accouchée, je vois surgir quatre envoyés tout de blanc vêtus, l'interne en tête, sac de réa sur le dos, l'œil affûté du spécialiste des urgences et des situations désespérées. Il jette un regard tournant sur la pièce qui finit par se poser sur moi et le nouveau-né.
« C'est fait ? Il est là ? »
Et il s'affale sur moi lourdement, sa main sur mon épaule.
« Oh ! Putain, j'ai eu peur ! Tu l'as fait ! Oh la vache ! J'ai jamais fait d'accouchement moi ! »
Et voilà la fine fleur et la fierté de la médecine d'urgence française enviée de par le monde qui est à deux doigts de sangloter sur mon épaule.

Pour moi, la mission est accomplie. Je suis à la fois fier et soulagé.

Epilogue …

« Allo ? Docteur Favreau ? C'est la mairie. Vous avez bien effectué un accouchement sur la commune avant-hier ? Pourriez-vous passer à la mairie assez rapidement pour la déclaration ? »
« Oui, soit, mais je l'ai accouché cet enfant, je ne l'ai pas fait. »
« C'est un souci uniquement légal. Il n'y a aucun témoin, si ce n'est vous, de cet accouchement et vous êtes donc le seul à pouvoir attester du fait que cet enfant est bien celui de Madame. »
Mince, je n'avais pas pensé à ça !
Dès que j'ai eu franchi la porte de la maison commune, je vois une secrétaire se redresser.
« Vous êtes le docteur ? »
« Favreau, oui, je viens pour ... »
« Vous êtes LE docteur ? »
Je remballe ma petite phrase d'introduction pour justifier ma venue car, sans attendre la moindre réponse de ma part, elle vocifère par dessus la banque d'accueil :
« Il est là ! LE docteur est là ! »
Et c'est une envolée piaillante et caquetante qui s'abat sur moi.
« Comment ça s'est passé ? Il est beau ? On a vu des photos ! C'est extraordinaire ce que vous avez fait ! »

L'émotion passée, le niveau sonore s'abaisse progressivement et dans le brouhaha faiblissant pointe une petite voix.
« Et qui c'est qui a le formulaire ? »
« Faut demander à Simone, c'est la plus ancienne, elle doit savoir. »
Parce qu'en effet, il faut savoir ! Depuis la fermeture de la maternité, il y a maintenant 25 ans, plus aucune naissance n'a eu lieu sur la commune et les formulaires de déclaration de naissance ont disparu au fond d'un tiroir, au fond d'un bureau, au fond d'un couloir, au fond de la Mairie. Et seule Simone dont la vivacité annonce un départ prochain à la retraite a le souvenir du parchemin. Et seule l'administration française est capable de garder un formulaire, a priori inutile, pendant 25 ans au fond d'un tiroir, au fond d'un bureau, au fond d'un couloir.
On me présente le précieux papier.
On me fait aussi contresigner la déclaration de la maman.
« Vous avez vu son deuxième prénom ? C'est Thierry. »

-

Chapitres

\-

Dépôt légal février 2025

www.ingramcontent.com/pod-product-compliance
Lightning Source LLC
La Vergne TN
LVHW050603160826
845677LV00011B/2438

* 9 7 9 1 0 4 2 6 6 3 0 4 9 *